RÈGLEMENT

DE LA

SOCIÉTÉ DES OUVRIERS FONDEURS EN FONTE DE FER.

RÈGLEMENT

DE LA

SOCIÉTÉ DES OUVRIERS FONDEURS

EN FONTE DE FER.

Fondée en Mai 1848.

LYON.

IMPRIMERIE DE BARRET,

RUES PIZAY, 11, ET LAFONT, 8.

—

1848.

RÈGLEMENT

DE LA SOCIÉTÉ DES OUVRIERS FONDEURS

EN FONTE DE FER.

—⁂—

TITRE PREMIER.

De l'Organisation de la Société.

—⁂—

ARTICLE PREMIER.

La Société des Ouvriers Fondeurs en fonte de fer est établie sous la surveillance des autorités locales.

ART. 2.

Les conditions nécessaires pour être admis dans la Société, sont : d'être 1° ouvrier Mouleur et Fondeur; 2° sain d'esprit et de corps; 3° âgé de 18 ans au moins, et connu pour être de bonne vie et mœurs.

ART. 3.

Il sera nécessaire, en outre, que les Candidats soient présentés par deux Membres de la Société, qui certifieront qu'ils réunissent les qualités requises pour y être admis.

ART. 4.

Il est formellement interdit à tout Sociétaire de se

faire agréger à une ou plusieurs autres Sociétés de quelque nature qu'elles soient. S'il est reconnu qu'un Candidat est déjà membre d'une autre Société, son admission ne pourra avoir lieu, à moins qu'il ne quitte préalablement l'association dont il ferait partie, toute dissimulation de sa part à ce sujet entraînera sa radiation.

Art. 5.

Les vieillards infirmes ou incurables, pensionnés par la Société, ne compteront plus au nombre fixe des Sociétaires; ils seront inscrits à la fin du tableau, qui sera formé de ces derniers, et remplacés en conséquence par des Membres titulaires.

Art. 6.

Le droit de réception est fixé à   Chaque Sociétaire paiera en outre une cotisation mensuelle de exigible un mois après l'admission.

Art. 7.

Les diverses sommes mentionnées en l'article précédent, de même que la quotité des amendes fixées ci-après, seront payées au trésorier dans le lieu ordinaire des séances, le deuxième dimanche de chaque mois, de dix heures à midi.

Art. 8.

Ceux des Sociétaires qui négligeront le paiement prescrit par l'article précédent, seront tenus de payer une amende, qui demeure fixée à *un franc* pour le premier mois en retard, *deux francs* pour le second;

après la huitaine de cette époque, ils seront, par ordre des Membres du Bureau, rayés de la Société.

Art. 9.

La Société n'accorde des secours à ses Membres que trois mois après leur réception.

Art. 10.

Un Sociétaire arriéré de deux mois de sa rétribution, venant à tomber malade, sera privé pendant quinze jours des secours accordés par la Société; et pour les recevoir après ce terme, il sera encore tenu de payer les arrérages et les amendes encourues jusqu'au jour de la déclaration de sa maladie.

Art. 11.

Les Sociétaires rayés pour défaut de paiement, pourront néanmoins rentrer de nouveau en payant tous les mois arriérés de leur rétribution et cinq francs d'amende. Ils ne recevront les secours de la Société que quatre mois après leur réintégration.

Art. 12.

Tout Sociétaire qui quittera volontairement la ville de Lyon, devra préalablement en prévenir les Membres du Bureau, et payer entièrement ce qu'il pourrait devoir à la caisse de la Société, le tout sous peine d'exclusion de la Société, dans laquelle il ne pourra plus être admis par la suite. Mais en se conformant à ces conditions de rigueur, il aura la faculté, à son retour à Lyon, de rentrer dans la Société, où il jouira des mêmes avantages que précédemment, en se soumettant aux charges communes.

ART. 13.

Si l'absence d'un Sociétaire dure plus d'une année, à dater du jour où il aura donné avis de son départ; il ne recevra les secours de la Société que quatre mois après sa rentrée, terme qui ne comptera que du jour où il aura prévenu les Membres du Bureau de son arrivée en cette ville.

TITRE DEUXIÈME.

De la Formation du Bureau.

ART. 14.

La Société sera administrée par un Bureau composé de six Membres, savoir : un Président, un Vice-Président, un Trésorier, un Secrétaire, un Secrétaire-Adjoint, un Commissaire. Ils seront nommés individuellement au scrutin et à la pluralité des voix, à l'Assemblée générale.

ART. 15.

En cas d'empêchement ou de maladie, les Membres du Bureau seront remplacés par leur adjoint respectif. Chargé de la Caisse, celui qui fera fonctions de Trésorier sera tenu de lui faire une reconnaissance des fonds qu'il y aurait trouvés.

Art. 16.

Les Membres du Bureau seront renouvelés tous les
six mois , en Assemblée générale, chacun d'eux est
indéfiniment rééligible.

Art. 17.

Aucun Sociétaire ne sera élu Membre du Bureau
s'il ne sait lire et écrire, les fonctions qui y sont atta-
chées sont purement gratuites.

Art. 18.

Les fonctions des Membres du Bureau consistent à
se réunir, le deuxième dimanche de chaque mois, dans
un local fixe qui sera désigné par la Société , à l'effet
de procéder à l'admission des candidats présentés , con-
formément à l'article 4.

Art. 19.

Les fonctions du Président sont de recevoir les dé-
clarations des malades , de veiller à ce qu'ils soient ré-
gulièrement visités. Il est autorisé, au besoin, à faire
visiter, pour s'assurer de la cause de la maladie, les
malades qui se présenteront à lui pour réclamer les
secours ; il fera faire ces visites par un médecin de son
choix et aux frais de la Société; il rendra compte au
Bureau de l'état des malades, de la déclaration de leur
guérison , ou de leur décès; il fera prendre les mesures nécessaires pour les funérailles des Sociétaires décédés, et fera faire les invitations ; il délivrera tous les
mandats de paiement pour les dépenses quelconques
de la Société, et les enregistrera par ordre de numéros

et de dates, au fur et à mesure de délivrance. Il visi-
tera deux fois par mois les vieillards et les infirmes,
et leur portera les secours que la Société leur accorde;
enfin il ordonnera le service divin le jour de la fête pa-
tronale.

ART. 20.

Le Trésorier est dépositaire des fonds de la Société :
le deuxième dimanche de chaque mois, il fait la recette de la rétribution due par les Sociétaires, paie
toutes les dépenses de la Société sur le vu des mandats délivrés par le Président, et se fait rendre ces mandats valablement quittancés par la partie prenante; il
est responsable de toutes les dépenses qui ne seraient
pas inscrites sur son registre.

ART. 21.

Les fonctions du Secrétaire sont de tenir un registre
sur lequel sont rappelés la date, le numéro et la somme
déclarés par le Président, ainsi que le nom des per-
sonnes auxquelles il doit être payé; il appose son visa
sur ces mêmes mandats.

Il tient un autre registre où il ouvre à tous les Sociétaires un compte nominatif, et inscrit le montant
des sommes qu'ils versent à la caisse, afin de balancer
la recette et la dépense. Il est en outre chargé de toutes les écritures relatives à l'administration de la Société. Il devra fournir le 1er janvier et le 1er juillet de
chaque année, l'état nominatif et en double expédition
de tous les Membres composant la Société à ces diverses époques, avec indication de leur domicile.

Art. 22.

Lorsqu'un Sociétaire sera malade, il en fera prévenir le Président, qui en avertira le visiteur de service, lequel sera tenu de se transporter immédiatement auprès du malade pour connaître sa situation.

Art. 23.

Les fonctions du commissaire sont de tenir un registre sur lequel il inscrira les noms et prénoms des arrivants ; il leur délivrera des cartes pour pouvoir se procurer de l'ouvrage. Tous les Sociétaires sont tenus d'y prêter main forte. Dans le cas où ils n'auraient pas d'ouvrage, et qu'ils se trouveraient avoir droit à l'indemnité de route ; il le fera connaître au Président, par lettre ou de vive voix.

Art. 24.

Le Bureau se réunira tous les mois et même plus souvent, si quelques circonstances l'exigent pour le bien de la Société.

TITRE TROISIÈME.

Des Secours accordés par la Société.

Art. 25.

Tout Sociétaire, en cas de maladie, recevra soit à domicile, soit à l'hôpital, un secours de   franc centimes par jour, à dater du jour de sa déclaration, pendant trois mois seulement; après ce terme, s'il est encore malade, il ne recevra plus que   franc centimes pendant trois autres mois consécutifs; et après ce délai de six mois, le malade réputé incurable sera compris au nombre de l'article 26 ci-après.

Art. 26.

Les vieillards, infirmes et incurables, ou ceux réputés tels, c'est-à-dire les Sociétaires âgés ou non, qui ne pourront plus se livrer à leurs travaux, ne recevront de secours de la Société que dans la progression suivante, à domicile   franc   centimes par jour, soit   franc   centimes par mois. A l'un des hospices, ou chez eux, lorsqu'ils préféreront y rester, quoique ayant la faculté d'y entrer,   franc centimes par mois. A domicile, qu'en n'étant point assez forts pour reprendre leurs travaux accoutumés, ils s'utiliseront d'une autre manière   franc centimes par mois. Dans l'une ou l'autre de ces hypothèses, les vieillards infirmes et incurables, ne supporteront aucune des charges de la Société; mais lorsqu'ils pourront se livrer de nouveau aux travaux de leur état, ils reprendront leurs titres de Sociétaires titulaires, paieront comme par le passé les rétributions et les amendes, et recevront tous les secours accordés par la Société.

Art. 27.

L'âge requis pour entrer dans la classe des incurables et en obtenir le traitement est de
à moins qu'une maladie imprévue, une chute ou une blessure occasionnée par le travail, n'en rapproche le

terme; alors le malade se trouvera dans le cas de l'article précédent.

Art. 28.

Les maladies provenant de rixes, débauches ou libertinage n'auront aucun droit aux secours de la Société.

Art. 29.

Tout Sociétaire qui, recevant comme malade les secours de la Société, sera convaincu d'avoir pendant tout le temps qu'il sera ainsi favorisé, travaillé soit chez lui, soit ailleurs, sera exclu de la Société, et ceux qui auront été trouvés dans un cabaret ou dans tout autre lieu de divertissements publics, seront privés à l'instant même des secours auxquels ils participaient.

Art. 30.

Les Sociétaires qui, durant leur maladie, auront reçu les secours de la Société, préviendront le Président du jour où ils reprendront leurs travaux, et dans le cas où, le laissant ignorer, ils auraient abusivement continué à les recevoir, ils seront, pour ce seul fait, exclus de la Société, ainsi que ceux qui les auraient favorisés.

Art. 31.

La Société exclut également de son sein tous les vieillards infirmes ou malades, et en général tout Sociétaire qui se permettrait de mendier en quel lieu que ce soit.

TITRE QUATRIÈME.

Des Assemblées générales.

Art. 32.

Les Assemblées générales de la Société, auront lieu le deuxième dimanche de chaque trimestre.

Art. 33.

Les Membres du Bureau rendront, en Assemblée générale, leurs comptes de recettes et de dépenses, qui seront arrêtés, vérifiés et discutés par tous les Membres présents. Chaque Sociétaire lors de ces Assemblées, aura droit de faire lui-même la vérification de son compte, et même de tous ceux ouverts aux autres Sociétaires.

Art. 34.

Les Sociétaires qui, lors de la reddition de comptes, se trouveront débiteurs envers la caisse, paieront une amende qui ne pourra être moindre, ni plus forte que le quart de la somme par eux due.

Art. 35.

Ceux qui, dans les Assemblées générales ou les réunions du Bureau, se permettraient des injures envers un Sociétaire quelconque, ou des propos et des cris de nature à troubler l'ordre et la tranquillité, qui doivent toujours présider aux délibérations, seront condamnés par le Président à payer une amende de   fr.   c.

TITRE CINQUIÈME.

De la Comptabilité.

ART. 36.

Chaque Sociétaire sera tenu de se procurer à ses frais un Livret imprimé, contenant une série de mois pour dix années, et le présent Règlement.

Ces livrets serviront à l'inscription des rétributions mensuelles, afin que l'on puisse établir le décompte de la recette générale, et régler le compte particulier de chaque Membre.

ART. 37.

Les acquits des sommes perçues au profit de la Société, ne pourront être faits et signés que par le Trésorier, qui est seul chargé de la comptabilité.

ART. 38.

Les fonds de la Société devront, lorsqu'ils dépasseront la somme de trois cents francs, être placés au Mont-de-Piété ou dans tout autre caisse d'épargne.

ART. 39.

Le Trésorier ne pourra, dans aucun cas, disposer des fonds de la Société, que sur la présentation d'un mandat signé du Président, et visé par le Sécrétaire.

TITRE SIXIÈME.

Des Décès et des Devoirs religieux.

ART. 40.

Lorsqu'un Sociétaire sera décédé, la veuve, les parents ou les amis du défunt en préviendront de suite le Président ; celui-ci en donnera avis aux Membres du Bureau, qui feront les invitations à cet égard. Pour ne pas arrêter le travail, il ne sera convoqué que la moitié des Membres de la Société.

ART. 41.

Les frais des funérailles et de la sépulture, devant être pris sur les fonds de la Société, le Président prendra toutes les mesures préparatoires qu'exigeront les circonstances.

ART. 42.

Les Sociétaires convoqués pour les funérailles devront aussi accompagner le convoi funèbre jusqu'au cimetière, sous peine de payer une amende de trois francs, laquelle sera perçue au jour de la première Assemblée. Ils seront tenus de remettre leur billet d'invitation au Membre du Bureau de service, lors de la sortie du cimetière, sous peine d'être considérés comme absents.

ART. 43.

La Société fera célébrer, le jour de la saint Eloi d'été,

une messe solennelle dans l'église qui sera désignée par les Membres du Bureau ; les frais de celle messe seront à la charge de la Société.

Art. 44.

Le lendemain du jour de la saint Eloi d'hiver, il sera célébré une messe pour le repos des âmes des Sociétaires décédés pendant l'année; tous les Sociétaires seront invités à y assister; pareille invitation sera faite aux veuves et aux enfants des défunts.

TITRE SEPTIÈME.

Dispositions générales et Police de la Société.

Art. 45.

Tout Sociétaire prévenu d'un crime ou d'un délit quelconque, pour lequel il serait traduit devant les tribunaux, sera exclu de la Société, s'il n'est acquitté par le jugement intervenu.

Art. 46.

La Société pourra, néanmoins, par des collectes particulières et volontaires, soulager des Sociétaires détenus pour dettes, lorsqu'il sera reconnu qu'elles n'auront pas été contractées par défaut de conduite ou d'assiduité au travail.

Art. 47.

Seront exclus de la Société, ceux qui, pour y être

reçus, auraient caché des infirmités ou des maladies incurables.

ART. 48.

Tous les Membres du Bureau, ainsi que les Sociétaires, qui manqueraient à se trouver aux jours et heures indiquées pour les Assemblées générales ou les séances particulières, et qui n'auraient pas donné par écrit les motifs de leur empêchement, seront tenus de payer, au profit de la Société, une amende de un franc.

ART. 49.

Ceux qui ayant été désignés pour faire les visites et prévenus en temps utile, y manqueraient sans avoir donné avis de leur empêchement au Président, assez tôt pour se faire remplacer, sans que le service en souffre, seront également tenus de payer au profit de la Société une amende de un franc.

ART. 50.

Tout Sociétaire qui, prévenu à temps, manquerait, sans motifs reconnus légitimes, d'assister aux cérémonies religieuses, sera condamné par le Président à payer une amende de cinquante centimes.

ART. 51.

Tout Sociétaire qui, ayant encouru une amende, refuserait de la payer, sera rayé du tableau de la Société.

ART. 52.

Un Sociétaire ne pourra être rayé pour cause de prévarication, sans avoir préalablement été entendu dans ses moyens de défense; sa radiation n'aura lieu qu'à la majorité absolue des voix.

Art. 53.

Tout Sociétaire légalement rayé pour les causes énoncées au présent Règlement, ne pourra prétendre à aucun remboursement ni indemnité.

Art. 54.

La Société ne pourra jamais être dissoute, par le fait des Membres qui la compose, même lorsque ceux qui en feraient la proposition seraient en majorité. Les fonds de ladite Société étant d'ailleurs consacrés à perpétuité au soulagement des malheureux de tout genre qui en font partie, ne peuvent jamais et sous aucun prétexte, être partagés entre les Sociétaires, à qui ces fonds n'appartiennent plus individuellement, puisqu'ils sont la propriété de la masse. En conséquence, celui qui proposerait la dissolution de la Société, en sera irrévocablement exclu, sans pouvoir prétendre à aucun remboursement ni indemnité.

Art. 55.

Les Membres de la Société s'interdisent tous formellement, sous peine d'exclusion, tout recours et pourvois devant les tribunaux, sur les contestations qui pourraient s'élever entre eux, relativement à l'exécution du présent Règlement.

TITRE HUITIÈME.

Formalités que doivent remplir les Ouvriers voyageurs et Apprentis.

Art. 56.

Tout ouvrier arrivant, ne devra, ni ne pourra demander de l'ouvrage sans s'être présenté au Commissaire de la Société, celui-ci lui remettra une carte, et avec ladite il pourra se présenter dans tous les ateliers, sans distinction aucune, et tous les Sociétaires seront tenus de lui prêter main forte pour lui procurer de l'ouvrage.

Art. 57.

Si un Sociétaire arrivant dans la ville, était éloigné par un autre, soit par haine de vieille date ou par quelqu'autre cause semblable, ce dernier serait regardé comme ayant violé la loi de la fraternité, et en conséquence puni d'une amende de cinq francs.

Art. 58.

Aucun Sociétaire ne devra ni ne pourra faire embaucher aucun ouvrier sans qu'il soit porteur de sa carte, le Sociétaire pris dans ce flagrant délit sera puni d'une amende de cinq francs.

Art. 59.

Dans un atelier, un ou plusieurs Sociétaires, formant collision pour en faire renvoyer un, sans en avoir prévenu la Société, pour qu'elle puisse statuer sur son sort, seront punis d'une amende de cinq à vingt francs, la deuxième fois ils seront exclus de la Société.

ART. 60.

Tout Sociétaire passager, qui aurait du travail en arrivant et pendant l'espace de trois mois, qui ne ferait pas profit de ses peines, qui les mangerait par débauches et qui partirait au bout de ce laps de temps, n'aurait aucun droit à l'indemnité de route.

ART. 61.

Aura droit à l'indemnité de route, tout Sociétaire reconnu dans la nécessité et sur la présentation de son livret visé du Commissaire de police, pour la ville où il aura intention de se rendre.

ART. 62.

Tout Sociétaire qui aura droit aux secours pour indemnité de route, ne sera payé que jusqu'à la première ville, où il y aura des fonderies.

ART. 63.

Il est interdit à tout Sociétaire, le marchandage de quelle nature que ce soit, soit en travaillant sous un entrepreneur, ou en travaillant seul. Tout Sociétaire manquant au présent article, sera passible d'une amende de dix à vingt francs.

Art. 64.

Seront admis de droit comme apprentis, les fils de maîtres et d'ouvriers. En conséquence, tout citoyen désirant entrer comme apprenti dans notre corporation, sera tenu de faire un versement de cinquante francs à la Société. Cette somme sera versée en totalité ou en partie, suivant les moyens de l'apprenti.

Art. 65.

Tout apprenti sorti avant les trois ans d'apprentissage, soit par mauvaise conduite, ou manque de probité, **tant** envers les patrons qu'envers les ouvriers, sera regardé par la Société comme n'ayant jamais fait partie de la corporation, et n'aura droit à aucun remboursement.

Art. 66.

Après leur apprentissage ils seront tenus d'entrer dans la Société, et ne pourront recevoir des secours que trois mois après leur réception.

Art. 67.

Toutes les lettres, demandes, réclamations adressées à la Société, tant de l'extérieur que de l'intérieur de la ville, devront être affranchies.

Art. 68.

Tous les Sociétaires s'engagent expressément à l'observation du présent Règlement; lecture en sera faite à tous les nouveaux membres, au moment de leur réception. Tous promettent, avant d'être reçus, comme les fondeurs le font par le présent Règlement, de remplir avec zèle et exactitude les fonctions qui leur seront déléguées, de concourir au maintien de l'ordre et de la décence dans les Assemblées générales, et dans les réunions du Bureau; et enfin, de contribuer autant qu'ils le pourront à l'avantage et à la prospérité de la Société.

Nous Membres et Administrateurs de la Société , certifions le présent Règlement, sincère et véritable , attestons avoir délivré le présent Livret au sieur   natif d

département d

âgé de   ans , demeurant à   rue

                         N°   Enregistré sous le N°   aux Contrôle et double Registre de la Société : attestons qu'il a souscrit à tout ce qu'impose ledit Règlement.

FAIT à Lyon , le   18 4?

Président ,   Vice-Président ,   Trésorier,

Secrétaire ,   Secrétaire-Adjoint ,   Commissaire,

Janvier.

Février.

Mars.

Avril.

Mai.

Juin.

Juillet.

Août.

Septembre.

Octobre.

Novembre.

Décembre.

Janvier.

Février.

Mars.

Avril.

Mai.

Juin.

Juillet.

Août.

Septembre.

Octobre.

Novembre.

Décembre.

ANNÉE 18

Janvier.

Février.

Mars.

Avril.

Mai.

Juin.

Juillet.

Août.

Septembre.

Octobre.

Novembre.

Décembre.

ANNÉE 18

Janvier.

Février.

Mars.

Avril.

Mai.

Juin.

Juillet.

Août.

Septembre.

Octobre.

Novembre.

Décembre.

ANNÉE 18

Janvier.

Février.

Mars.

Avril.

Mai.

Juin.

Juillet.

Août.

Septembre.

Octobre.

Novembre.

Décembre.

ANNÉE 18

Janvier.

Février.

Mars.

Avril.

Mai.

Juin.

Juillet.

Août.

Septembre.

Octobre.

Novembre.

Décembre.

Janvier.

Février.

Mars.

Avril.

Mai.

Juin.

Juillet.

Août.

Septembre.

Octobre.

Novembre.

Décembre.

ANNÉE 18

Janvier.

Février.

Mars.

Avril.

Mai.

Juin.

Juillet.

Août.

Septembre.

Octobre.

Novembre.

Décembre.

ANNÉE 18

Janvier.

Février.

Mars.

Avril.

Mai.

Juin.

Juillet.

Août.

Septembre.

Octobre.

Novembre.

Décembre.

ANNÉE 18

Janvier.

Février.

Mars.

Avril.

Mai.

Juin.

Juillet.

Août.

Septembre.

Octobre.

Novembre.

Décembre.

ANNÉE 18

Janvier.

Février.

Mars.

Avril.

Mai.

Juin.

Juillet.

Août.

Septembre.

Octobre.

Novembre.

Décembre.

ANNÉE 18

Janvier.

Février.

Mars.

Avril.

Mai.

Juin.

Juillet.

Août.

Septembre.

Octobre.

Novembre.

Décembre.